EXPLICATION

D'UNE

MEDAILLE D'OR

DU CABINET DU ROY,

Sur laquelle on voit la Tête de l'Empereur
Gallien, avec cette Legende :

GALLIENAE AUGUSTAE.

A PARIS,

Chez Jean Anisson Directeur de l'Imprimerie
Royale, ruë de la Harpe, à la Fleur
de Lys de Florence.

M. DC. XCVIII.

AVEC PERMISSION.

A MONSIEUR

DE GUENEGAUD

DES BROSSES

Conseiller du Roi en ses Conseils,
ci-devant Maître des Requêtes,
& Envoyé extraordinaire en Por-
tugal ; Chancelier de l'Ordre de
saint Lazare.

MONSIEUR,

Vous avez raison de penser, que les Livres n'ont
pas été le moyen le plus seur, pour conserver à la
postérité la mémoire de ce que les grands hommes
ont fait de considérable. La plû-part des Ecrits des
Savans ne sont pas venus jusqu'à nous. Et ces Livres, qui prométoient l'immortalité aux Princes
qu'ils célébroient, n'ont pû s'exemter eux-mêmes de
la fatale nécessité de périr, inséparablement atachée
à toutes les choses du monde. Ils sont tombez dans
l'oubli, dont ils devoient sauver les Héros.

Quand les Princes s'avisèrent de placer les Biblioteques dans les Temples des Dieux ; & que le soin
des Livres fut confié à ceux mêmes, qui n'étoient

ocupez que des fonctions sacrées de la Religion, on crut que le destin des Ouvrages des Savans se trouvant ataché à celui des Autels, n'avoit plus rien à craindre; & que les panégiriques des Héros seroient en seureté à l'abri des images des Dieux. Mais les Temples sont tombez; & les Biblioteques entraînées par leur chûte, ont courû la même fortune.

César, qui venoit de rétablir la jeune Cléopatre sur le trône de ses péres, aiant apris qu'il étoit assiégé, dans le palais de cette Reine, par les mêmes meurtriers qui avoient massacré Pompée, donna ordre, pour amuser ses ennemis, de mêtre le feu aux édifices voisins; & prit la fuite. Quelque diligence que ceux d'Alexandrie aportassent à éteindre le feu, ils ne pûrent empêcher qu'il ne gagnât le superbe Temple du Dieu Sérapis, qui fut réduit en cendres avec la Biblioteque des Rois d'Egipte. Sept cens mille Volumes, que les Ptolémées avoient ramassez avec des soins infinis, périrent dans cet embrasement.

Les Livres sacrez, que l'on gardoit à Jérusalem dans les Archives du Temple du Dieu vivant, n'eurent pas une meilleure destinée.

Quand Nabucodonosor se rendit maître de Jérusalem, la ville fut sacagée; Sédécias fut pris, lorsqu'il s'enfuyoit. On tua ses enfans en sa présence, on lui creva les yeux; on le chargea de chaînes; & après qu'on eut abatu les murs de Jérusalem, & brûlé son palais, & le Temple, il fut mené avec tout le peuple de Juda captif en Babilone. Ce feu, qui brûla le palais, & le Temple, consuma pareillement les Livres sacrez.

Contre de pareils événemens la Grece si sage avoit déja pris des précautions. Comme rien n'anime davantage les grands hommes à bien faire, que

l'efpérance d'éternifer leur mémoire, elle fongea à
affeurer à fes Héros l'immortalité de leur nom. Elle
crut qu'on y réuffiroit infailliblement, fi on pouvoit
graver les images de ceux, qui auroient bien fervi la
République, fur des pieces de métail, dont les hommes ne puffent fe paffer dans le commerce de la fo-
cieté humaine. La Grece y parvint heureufement
tout d'un coup, quand elle fit mêtre fur les monnoies, l'éfigie des Poetes, des Orateurs, des Philo-
fophes, des Capitaines, des Magiftrats, & des Princes, qui s'étoient rendus recommandables par leurs
vertus.

En éfet, en mêtant ainfi les Portraits des Per-
fonnages illuftres fur les monnoies, on mit les hommes dans la néceffité de les rechercher, & de les
conferver; parce que la confervation du lien de la
fociété humaine, fe trouvoit atachée à la confervation des images des Héros.

D'ailleurs à qui pouvoit-t-elle mieux confier
l'immortalité de leur nom, qu'à ces métaux, fur
lefquels le tems ne peut rien ? Ces monnoies an-
ciennes, que nous apellons aujourd'hui, *des Médailles*, font paffées à travers plus de deux mille
ans jufqu'à nous, & elles iront encore incompara-
blement plus loin. Il y a une infinité de médailles
d'or, d'argent, & de bronze de ces fiecles fi recu-
lez, & qui font, comme fi elles venoient d'être frapées.

Et enfin, ce qui l'emporte infiniment au deffus des
Livres; c'eft que ceux mêmes, qui ne favent point
lire, ne font pas tout-à-fait privez de la fatisfaction
de reconnaître fur les médailles les traits du vifage
des grands hommes, & de s'inftruire de leurs vertus,
& de leurs dignitez par les fimboles qui les y répréfentent. Dès-lors la Grece, & enfuite l'Italie, ne

firent prefque plus rien de confidérable dans la paix, & dans la guerre, qui n'ait été configné fur les monnoies, pour être tranfmis à la poftérité.

On voit affez par là, combien il y doit avoir de curiofitez hiftoriques dans les médailles, & s'il en faut craire cet homme qui foûtenoit dernierement, que les médailles antiques ne font que du goût d'un petit nombre de curieux bizares, fantafques, & mélancoliques.

La médaille d'or de l'Empereur Gallien, qui a donné ocafion à cette differtation, fufit feule fans doute, pour montrer combien ce fentiment eft peu raifonnable. Elle a mérité les réflexions de nos plus favans hommes dans la connaiffance des Antiques. L'illuftre M. Spanheim, Envoyé extraordinaire de M. l'Electeur de Brandebourg, en France, & fi celebre par les beaux ouvrages, dont il a enrichi la République des Lêtres; feu M. Patin; M. Vaillant, le favant Péré Hardouin Jéfuite; & M. Galland l'ont célébrée, comme une médaille rare, & précieufe. Mais il faut avouer que la diverfité de leurs fentimens dans les explications qu'ils en ont publiées, m'a donné envie de prendre connaiffance d'une médaille, qui a fait deux partis entre de fi grands hommes; dans la penfée que j'avois de m'acommoder d'une des deux opinions; & infiniment éloigné de préfumer qu'il m'ariveroit d'en trouver après eux une troifiéme, qui me pût paraître plaufible. Cependant lors que j'examinois les raifonnemens des deux partis, il me paraiffoit dans l'une, & l'autre opinion, un je ne fai quoi, qui m'empêchoit de me déterminer, & qui me laiffoit toûjours quelque chofe à defirer, pour une entiere & parfaite conviction.

Je fuis allé plus loin, que je n'aurois ofé me le propofer. Car enfin après avoir pris infenfiblement

la liberté de douter de la solidité des deux opinions
de ces Savans, j'ai passé jusqu'à me savoir quelque
gré d'une troisiéme explication que le pur hasard
m'a fait découvrir. C'est de cette troisiéme explication, MONSIEUR, dont je vais vous rendre compte
dans cette Lêtre. Si vous l'honorez de vôtre apro-
bation, je puis me flater qu'elle sera bien reçuë dans
le monde, où vôtre dicernement si vif, & si juste,
& vôtre bon goût pour les ouvrages de l'esprit, vous
rendent si souvent l'arbitre de ces querelles curieu-
ses, & innocentes.

Cette médaille réprésente d'un côté la tête de
l'Empereur Gallien ; & ce qui est de surprenant,
c'est que la légende de cette tête est le nom d'une
femme : GALLIENAE AUGUSTAE. Il y a au revers
une Victoire aîlée, qui avec un fouet en main, conduit un char traîné par deux chevaux atelez de
front; & autour il y a ces paroles : UBIQUE PAX.

Il faut convenir que d'abord cette médaille parait avoir quelque chose de très extraordinaire, &
qu'on n'oseroit se promêtre d'expliquer.

La prémiere chose qui embarasse les Antiquaires,
c'est de voir le nom d'une femme autour de la tête
d'un Empereur Romain ; car il est bien certain que
c'est la tête de Gallien, & que la médaille est antique.

La seconde chose, qui ne fait pas moins de peine,
c'est cette légende du revers : UBIQUE PAX. Car
enfin, disent les Antiquaires, comment peut-on
mêtre sur une médaille de Gallien, que la PAIX EST
DANS TOUT L'EMPIRE ; puisque nous savons
qu'aucontraire, une guerre continuelle, & une révolte générale agitoient les Provinces Romaines,
qui ne reconnaissoient plus pour la plû-part, d'autres maîtres que des Tirans ?

Pour mètre ces dificultez dans toute leur force, il faut seulement faire ici un petit portrait de Gallien, & réprésenter ce que fut l'Empire Romain sous son régne.

Gallien étoit naturellement très porté aux plaisirs ; & comme dans l'éducation, que l'Empereur Valérien son pére lui fit donner, il ne voulut pas qu'on fît trop de violence au penchant de son fils, la facilité avec laquelle on lui laissa suivre son humeur, rendit inutiles beaucoup de bonnes qualitez, que la nature lui avoit données. Il fit d'abord quelques actions de valeur ; & gouverna l'Occident sous son pére, avec beaucoup de sagesse, & de modération. Mais il se démentit bien-tôt, quand il n'eut plus de censeur de ses actions. Valérien tomba vif entre les mains de Sapor, Roi des Persés, qui le retint prisonnier le reste de ses jours, afin de se servir de son dos, pour monter à cheval. Gallien délivré d'un pére, qui le contraignoit, eut la liberté de suivre son mauvais naturel. Au lieu d'armer, & de travailler à tirer son pére de cette honteuse, & cruelle captivité, il songea à se divertir ; & tandis que Rome, & toutes les Provinces Romaines pleuroient, & regrétoient Valérien, & que tous les Rois du monde écrivoient à Sapor, pour le porter à traiter avec moins d'indignité la majesté d'un si grand Empereur, Gallien fut le seul qui s'en réjouit, & qui l'abandonna. Il employoit le jour à des excès de table, & la nuit à d'autres excès encore plus grands, & plus criminels. Il devint le mépris, & l'horreur de tout l'Empire. On ne parloit non plus de lui dans les armées, que s'il n'eût point été au monde. Alors les Gouverneurs des Provinces, voyant le peu de soin, qu'il avoit de les secourir contre les courses des barbares, se fortifiérent dans leurs Gouvernemens, & se firent élire Empereurs par les légions qu'ils commandoient. Jamais la face de l'Empire ne fut si hideuse, qu'elle le parut alors ; car enfin on compte jusqu'à 30. Tirans, qui s'élevérent en diverses parties du monde, & qui ocupérent les plus belles Provinces, & se firent Princes souverains des terres de leurs Gouvernemens. Il passa ainsi sept à huit ans dans cette vie lâche, & obscure, ataché au théatre, & à toutes sortes d'infames voluptez ; jusqu'à ce qu'il fut massacré par ses Capitaines aux environs de Milan ; où il êtoit venu, s'étant araché avec beaucoup de peine, & de regret, à sa paresse, & à ses plaisirs, pour combatre Auréole, qui s'étoit fait proclamer Empereur dans l'Illirie.

Prémiere Explication.

Cette idée générale, qu'on a communément de la vie de cet Empereur, & de l'état de l'Empire, a fait craire à quelques Savans, que la médaille d'or du Cabinet du Roi, avoit été frapée par les soins des ennemis de Gallien ; afin de lui reprocher par une raillerie vive, & piquante sa vie molle, & éféminée, & le mauvais état, où il avoit mis les afaires de l'Empire.

Monsieur Spanheim, est le prémier qui semble avoir expliqué en ce sens cette médaille. Voici ce qu'il en dit dans sa Traduction des Césars de l'Empereur Julien page 103. *Julien, réprésente Gallien entrant au banquet des Dieux avec une robe, & une démarche de femme. A quoi se pouroit raporter une médaille d'or assez extraordinaire, de cet Empereur, laquelle se trouve dans le Cabinet d'un Prince illustre de l'Empire, au raport des savans Antiquaires, qui l'ont vûe, qui m'assurent qu'elle est antique, & de qui j'en ai eu le dessein, où il se*

trouvèroit l'inscription suivante de GALLIENAE
AUGUSTAE, *avec le visage de Gallien. Je me con-
tente de l'exposer à la vûë, & au jugement des
Curieux dans un endroit, qui y paraît si propre:
soit après tout qu'il y ait du dessein, ou du hasard
dans une telle inscription; & à quoi j'ajoûterai seulement, que j'ai raporté ailleurs une médaille de
Gallien de même métail, & avec le même revers:*
UBIQUE PAX, *que j'ai vûë autrefois dans le Cabinet du Cardinal de Médicis.* Et dans les Additions
page 489. M. Spanheim ajoûte: *J'ai remarqué depuis, que M. Patin allegue aussi en passant cette
médaille dans une Lêtre adressée à l'Abé Bracèse,
& de laquelle il dit:* Similis prorsus fortuna; GAL-
LIENAE AUGUSTAE nummum aureum obtulit, cui
UBIQUE PAX erat inscripta. *Ie suis bien aisé, qu'une
Médaille aussi singuliere, & que je n'ai point vûë
jusqu'ici, mais que nous allons voir, suivant le dessein que j'en dois à M. Morel, se trouve apuyée par
le témoignage d'un homme aussi célebre, & aussi
versé dans la connaissance des Médailles, que mon
bon & ancien ami M. Patin.*

On voit par là que cette précieuse Médaille n'é-
toit point encore alors au Cabinet du Roi. En éfet,
elle ne fut aportée d'Allemagne en France qu'en
1685; & ce fut par les soins de Monsieur le Marquis
de Louvois, qu'elle fut mise au Cabinet du Roi.

Il paraît encore par ce discours, que cette Médaille auroit été frapée dans le même esprit qui a
porté Julien à tourner Gallien en ridicule, & à lui
reprocher sa vie molle, & éféminée; en disant qu'il
étoit entré au banquet des Dieux *avec une robe, &
une démarche de femme.*

C'est dans cette même pensée que M. Vaillant,
Tome II. page 385. de la nouvelle Edition de ses

Médailles Impériales, en parlant de cette curieuse Médaille de Gallien, dit : *Cette Médaille semble avoir été frapée en dérision de Gallien, par ordre de quelqu'un de ceux, qui s'étoient révoltez contre lui, & avoient pris le titre d'Empereur.* Il y est apellé GALLIENAE AUGUSTAE, *pour montrer, qu'il falloit tenir pour femme un Prince, qui se comportoit si lâchement au milieu de tant de guerres, dont l'Empire Romain étoit déchiré de toutes parts : jusque là que Trébellius Pollio dit qu'on ne faisoit aucune mention de Gallien dans les armées.* Aussi cette Médaille le *réprésente-t-elle couronné non pas de laurier, mais d'épis de blé, comme un gourmand plus adonné à la bonne chére, & à son ventre, qu'au métier de la guerre. Il conduit un char traîné par deux chevaux atelez de front, parce qu'il cherchoit la victoire dans le Cirque, & non pas à la tête des armées.* On a mis au revers : LA PAIX PAR TOUT, *dans un tems où il n'y avoit point de Province, qui ne fût desolée par les fureurs de la guerre.*

Quoique cette explication paraisse belle, hûreuse, fort naturelle, & qu'elle soit d'ailleurs apuyée par la célébrité, qu'ont âquise dans le monde deux des plus habiles Antiquaires, elle est pourtant rejetée par des hommes très savans, qui n'ont pû s'en acommoder.

Seconde Explication.

Tout nouvellement le R. P. Hardouin Jésuite aussi recommandable par la beauté de son génie vaste, & pénétrant, que par sa profonde érudition, vient de nous donner une seconde explication, qui trouvera des partisans, & des contradicteurs. La voici. Ce même PAX se trouve dans une Médaille d'or très rare de Gallien, & qui est dans le Cabinet du Roi. GALLIENAE AUGUSTAE, *avec une tête cou-*

ronnée d'herbe, qu'on apelle, gramen. *Un visage
d'homme barbu, & de bonne mine. Au revers de
cette Médaille il y a* UBIQUE PAX*, & une victoire
dans un char traîné par deux chevaux. Ce qu'il y a
de vrai, c'est qu'on a écrit* GALLIENAE AUGUSTAE,
pour GALLIENE AUGUSTE, *au vocatif, selon l'usage
de ces tems-là, où l'on mêtoit indiféremment un* Æ
au-lieu d'un E, *à cause de la ressemblance du son......
Pour ce qui est de la Couronne d'herbe, qui orne la
tête de Gallien; & qui, selon Pline, étoit chez les
Romains la plus honorable de toutes celles, dont on
couronnoit les Guerriers, c'est un simbole des grandes
victoires de cet Empereur. Quant à ces paroles,*
UBIQUE PAX, *on ne doit pas être plus surpris de les
voir dans les Médailles de Gallien, que dans celles
de Salonine sa femme........Cela soit dit en passant
de la Médaille de Gallien, qui a paru jusqu'à pré-
sent très dificile à expliquer. Quelques uns se sont
imaginez, que cette Médaille contenoit une raillé-
rie piquante de la vie éféminée de cet Empereur:
mais c'est sans fondement; parce qu'il est certain que
dans les Médailles antiques, & sur tout dans les
Médailles Romaines, il n'y a point de plaisanteries;
il n'y a rien de boufon; rien d'indigne de la gravité,
& de la majesté Romaine. Et après tout si nous
nous en raportons au témoignage même des Médailles, il faut reconnaître par toutes celles que nous
avons de ce Prince, qu'il n'y a point eu d'Empereur
plus vaillant dans la guerre, plus agréable au Peuple Romain, & plus chéri dans les Gaules, que l'a
été Gallien.* Chronolog. ex nummis restit. sæculi
Constantin. pag. 118. 119. & 120.

Cette explication si ingénieusement inventée a
trouvé dès sa naissance un aprobateur, & un par-
tisan considerable parmi les Antiquaires. C'est le

savant M. Galland. Voici comme il s'en explique :
Dans le sentiment de ceux, dit-il, *qui veulent que
la précieuse médaille en or du Cabinet du Roi*;
GALLIENAE AUGUSTAE: UBIQUE PAX,
*soit un reproche à l'Empereur Gallien de sa mol-
lesse .... je ne pourois pas y consentir. Car il faut
convenir avec ceux qui sont du sentiment contraire,
que tout est serieux dans les médailles antiques des
Empereurs Romains ; & craire avec eux que*
GALLIENAE AUGUSTAE *a été gravé par
l'ouvrier pour* GALLIENE AUGUSTE *au
vocatif. Les exemples, que les médailles en four-
nissent, font connaître, que l'usage de ces tems étoit
de metre fort souvent* A E. *pour* E. *L'on ne peut
pas contester que l'Empire Romain ne fût beaucoup
troublé par les guerres sous l'empire de Gallien ;
mais aussi l'on doit tomber d'acord, qu'il y eut des
intervalles de paix, comme nous l'aprenons par
l'histoire. Les Perses vaincus par Odenat, & chas-
sez presque entierement de la Mésopotamie, don-
nerent lieu à Gallien de triomfer aux dépens de ce
Prince. Mais il en usa si généreusement envers lui
en lui donnant le titre d'Auguste, qu'il merita la
louange generale de toute la ville de Rome ; comme
on le peut voir dans Trébellius Pollio : quoi qu'un
grand nombre de ses citoyens favorisassent ceux qui
se révoltoient dans les Provinces ; chacun suivant
sa passion, & son interêt. Dans la joie publique
qu'il y eut à Rome en ce tems-là il ne parait pas
qu'il y ait lieu de s'étonner que l'on ait frapé cette
médaille au milieu des aclamations du triomfe*
*Il en faut tomber d'acord : Elle ne convenoit pas
beaucoup à l'état chancelant, où étoient alors les
afaires de l'Empire Romain ; mais la flaterie n'é-
toit pas moins grande à Rome sous Gallien, qu'elle*

le fut dès le tems que la République fut changée en un état monarchique. Lêtre, touchant quatre médailles nouvellement publiées par le R. P. Chamillard Jesuite page 13. 14. 15. & 16.

Cette seconde explication réfute la prémiere; car enfin, s'il est vrai que tout doive être sérieux dans les médailles Impériales, il n'y a point d'aparence que celle de Gallien ait été fabriquée, pour plaisanter sur ses mauvaises mœurs. Nous ne voyons nulle part qu'on ait fait une pareille médaille contre la vie honteuse de Caligule, de Néron, & d'Héliogabale, qui pour toutes sortes d'excès, sont allez beaucoup plus loin que Gallien. Il est vrai qu'il se décria extrémement, sur tout en courant les ruës, & les cabarets durant la nuit, comme avoient fait ces trois Empereurs; mais en d'autres débauches, il fut beaucoup plus moderé qu'eux. Leur vie étoit un tissu, & un enchainement de cruautez, de voluptez infames, & de crimes qu'on n'oseroit nommer; mais Gallien pour l'ordinaire passoit son tems dans une molle, & pesante oisiveté. Il ne faisoit rien; ou bien il ne s'amusoit qu'à des badineries, à des bagatelles.

D'ailleurs, il se trouvera peut-être établi par l'histoire, & par les médailles, que sous Gallien, la guerre n'a point été si continuelle, qu'il n'y ait eu quelque intervalle de paix. Ce qui sufiroit, pour avoir pû metre sur le revers de sa médaille; U B I- QUE PAX.

Au reste, la tête de Gallien n'est point du tout couronnée d'épis de blé; comme l'a cru M. Vaillant; d'où il a pris ocasion d'en faire une explication si desavantageuse à cet Empereur. C'est une couronne, qu'on nomme *graminée*, ainsi que l'a fort bien remarqué le P. Hardouin; & quelque honorable que fût la Couronne d'herbe parmi les Romains, il eft certain que Gallien n'en étoit point indigne. Il avoit fait paraître du courage, de la hardieffe, & de l'ardeur dans des ocafions dificiles, & périlleufes ; & quand il a pû s'aracher à fes plaifirs, pour fe metre à la tête des armées, il y a fait tout le devoir d'un grand Général.

Puifque ces Savans ne fauroient s'acommoder les uns les autres de leurs explications, ils ne trouveront pas fans doute mauvais, fi je témoigne que je ne puis pas non plus en convenir ; pendant que j'aprouve pourtant les raifons, que l'on emploie pour refuter la premiere explication.

Comme le vafte pays des Antiques ne fe défriche que depuis un fiecle & demi, il y a encore beaucoup à faire ; il y a à travailler pour tout le monde. Et ce qu'il y a d'agréable, c'eft que quand on s'égareroit en chemin faifant, on eft feur de n'être redreffé qu'avec agrément ; parce que les habiles Antiquaires font des Savans fans jaloufie, font des gens polis & honnêtes ; & qui voyant plus loin que les autres, font perfuadez qu'il ne fauroit entrer trop d'ouvriers dans une fi pénible, & fi abondante moiffon. C'eft ce qui m'a enhardi à propofer ici une troifiéme explication, avec tout le refpect que je dois aux illuftres Antiquaires, qui nous ont donné les deux premieres.

Troifiéme & nouvelle Explication.

Vers le commencement de cette année parut la feconde explication que le P. Hardouin, & M. Galland donnent à la médaille de Gallien : & ce fut vers ce tems-là que me trouvant au Cabinet du Roi, où des Princes étrangers confidéroient avec admiration ce prodigieux nombre de médailles Greques,

& Romaines, qu'on y a ramaffées avec des foins infinis, pour le fecours de ceux qui travaillent à l'hiftoire, je priai M. Oudinet, auffi célebre par l'afection avec laquelle il aide ceux qui s'apliquent à l'étude de l'antiquité, que par fa grande litérature, de me faire voir la curieufe médaille d'or de l'Empereur Gallien. Elle me parut très-belle, très-curieufe, & digne d'une grande atention. Je ne pûs m'imaginer, que ce fût un ouvrage de plaifanterie, comme le fupofe la prémiere explication. Je ne pûs pas craire non plus, que fuivant la feconde explication, ce GALLIENAE AUGUSTAE fût une faute de Monétaire ; parce que cette faute feroit trop groffiere, & trop fuivie, pour n'avoir pas été reconnuë par l'ouvrier. Alors je reffenti plus que jamais, qu'il ne m'étoit pas poffible d'adopter aucun de ces deux fentimens. J'en étois demeuré-là dans cette fufpenfion d'efprit, fans prendre aucun des deux partis, quand quelques jours après, lorfque j'y penfois le moins, je fus déterminé à en prendre un troifiéme. Voici comment. En lifant dans Trébellius Pollio l'hiftoire des XXX. Tirans qui s'éleverent contre Gallien, je trouvai qu'une femme nommée, GALLIENE, Coufine germaine de ce Prince, avoit tué le Tiran Cornelius Celfus, tout nouvellement proclamé Empereur en Afrique par l'armée Romaine. A peine eus-je lû ce que Pollio dit de cette vaillante Héroïne, qu'il me vint dans l'imagination que ce pouroit bien être le nom de cette GALLIENE, qu'on auroit mis dans la médaille de Gallien. Voici le texte de Trébellius Pollio.

Pendant qu'il y avoit tant de mouvemens dans les Gaules, dans l'Orient, dans le Pont, dans la Trace, & dans l'Illirie, Gallien mangeoit, bûvoit, dormoit,

dormoit, faisoit digestion, fréquentant les bains,
& s'adonnant à toutes sortes de débauches. Les
soldats Romains, qui étoient dans l'Afrique, vou-
lurent se faire un Empereur. A la sollicitation de
Vibius Passienus Pro-consul, & de *Fabius Pomponianus*, ils élûrent Empereur un nommé CELSUS ;
& comme ils n'avoient point de pourpre, pour lui
donner les ornemens Imperiaux, ils dépouillerent
la statuë d'une de leurs Divinitez ; & de sa robe
en revêtirent le nouvel Empereur. Ce *Celsus* étoit
un homme bien-fait, & qui vivoit au milieu de sa
campagne avec une si grande modération, qu'on
le jugea digne de l'Empire. Mais à peine fut-il
élû, qu'il fut tué sept jours après, par une femme
nommée GALLIENE, qui étoit Cousine germaine de l'Empereur *Gallien*.

Trebellius Pollio n'en dit rien davantage : Il
paraît bizare que les Historiens n'aient point célébré le mérite d'une femme si généreuse : Car quelque recherche que j'aie faite, je n'ai pû rien découvrir de plus particulier touchant cette Héroïne.
Mais il y a bien de l'aparence qu'elle étoit petite
fille d'un *Gallien* pére de la mére de l'Empereur
Gallien ; s'il est vrai ce que dit M. de Tillemont,
que l'Empereur *Valerien* étoit gendre d'un *Gallien* ; que ce *Gallien* fut un des plus grands hommes de l'Empire ; & qu'il y a assez d'aparence
que l'Empereur *Gallien*, chose ordinaire, eut le
nom de son aïeul maternel. Tome I I I. page 590.
& not. I I. page 683. GALLIENE est donc
vrai-semblablement petite fille de ce grand homme, aïeul maternel de l'Empereur *Gallien*.

Plusieurs choses m'ont depuis confirmé dans
ma conjecture ; que c'est le nom de cette vaillante
GALLIENE, qui est sur la médaille d'or au-

tout de la tête de Gallien ; & particulièrement les quatre considérations suivantes.

I. Le titre d'*Auguste*, qu'on donne à G A L-L I E N E sur cette médaille, n'est point au dessus d'elle ; car enfin la valeur, avec laquelle elle tuë de sa propre main un Tiran, qui pouvoit faire tant de mal à l'Empire, méritoit qu'elle fût ornée de la qualité d'*Auguste* ; étant d'ailleurs si proche parente de l'Empereur. L'histoire nous aprend que Gallien voulut honorer de la dignité de *Pro-consul*, Théodote, pour avoir défait, & mis en déroute l'armée du Tiran Emilien ; & qu'il donna le titre d'*Auguste* à Odenat, Roi des Palmiréniens, parce qu'il avoit vaincu les Perses, qui ravageoient les Provinces de l'Empire. Seroit-il croyable que Gallien eût moins fait pour une si illustre parente, qui l'avoit délivré d'un Tiran redoutable ?

On ne nous dira pas que le titre d'*Auguste* ne se donnoit qu'aux femmes des Empereurs ; puisque nous voyons dans les médailles, qu'il a été acordé à des femmes, qui n'ont jamais été Imperatrices. C'est ce que M. Spanheim démontre dans la VII. Dissertation de son Livre intitulé : *De usu, & præstantiâ numismatum antiquorum.*

Antonia aïeule de Caligule, & *Agrippine*, mére de cet Empereur sont qualifiées du titre d'*Augustes*, dans leurs médailles.

Les trois Julies, *Maésa*, *Soaémias*, & *Mamméa*, qui n'ont jamais épousé d'Empereurs, ont dans la légende de leurs médailles le nom d'*Augustes*.

On acordoit ce même honneur aux filles des Empereurs ; comme chacun peut le reconnaître par la seule inspection des médailles de *Julie*, fille de Tite ; de *Didia-Clara*, fille de Didius Julianus ;

& enfin par la médaille de *Constantine*, fille du grand Constantin.

Les sœurs des Empereurs ont aussi joüi de cette glorieuse distinction : Ainsi *Marciane*, sœur de Trajan eut la qualité d'*Auguste* ; & même sa fille *Matidia* a été ornée de ce titre ; quoi qu'elle ne fût que niece d'Empereur.

C'est ce qui fait dire à M. Spanheim que les Empereurs se relâchérent beaucoup dans la concession, qu'ils firent du titre d'*Auguste* ; & que leur facilité alla à l'acorder, avec tous les priviléges qui en étoient inséparables, non seulement à leurs parentes ; mais encore à leurs alliées, quoi qu'elles n'eussent pas des maris, qui fussent honorez de la qualité d'*Augustes* : *Indulgentiores itaque Cæsares in adfines aut conjunctas, quibus præter uxores, illud* AUGUSTÆ *cognomen, adnexaque eidem privilegia non semel detulerunt, & publicis etiam nummorum monumentis tradi ad posterorum memoriam voluere.* Dissert. VII. page 605.

Il n'y a donc pas ici de dificulté : GALLIENE a pû, sans qu'il y eût rien contre la coûtume, être honorée du titre d'*Auguste* ; non seulement comme très proche parente de Gallien, mais encore comme une Héroïne d'un mérite singulier, & qui avoit rendu à l'Empire un service des plus signalez.

II. Ce n'est pas une chose bien extraordinaire, de voir dans la légende d'une médaille, un nom qui n'est pas celui de la tête. Nous en avons tant d'exemples, qu'il parait surprenant qu'on puisse être arêté un moment par une pareille dificulté. Le seul Livre de la Traduction *des Césars de l'Empereur Julien*, nous en fournit trois exemples dans des médailles Impériales ; après quoi il n'y a plus, ce me semble, à hésiter.

La prémiere eft une médaille de l'Empereur Néron, avec cette legende en Grec autour de fa tête ; ΑΠΟΛΛΩΝ ΑΚΤΙΟΣ. La tête eft de Néron ; & c'eft le nom d'Apollon, qui eft dans la légende. C'eft que cet Empereur avoit une vénération particuliere pour ce Dieu ; & qu'il fe faifoit une vanité d'être comme lui Poëte, & Muficien. *Pag. 61.*

La feconde eft de l'Empereur Aurélien : Il y a autour de la tête ces paroles : SOL DOMINUS IMPERII ROMANI. *Le Soleil eft le Seigneur de l'Empire Romain ;* parce qu'en éfet Aurélien comptoit extrémement fur la protection du Soleil, qu'il croyoit lui être favorable ; & fon hiftoire témoigne qu'il n'oublioit rien, pour s'aquiter de fa dévotion envers lui. *Page 109.*

La troifiéme eft une médaille de l'Empereur Julien. La légende eft ; DEO SERAPIDI : *Au Dieu Sérapis :* pour marquer l'atachement particulier, que Julien avoit pour le Dieu Sérapis. *Page 67.*

Il y a donc quelquefois fur les médailles, des légendes, qui contiennent un autre nom, que celui de la tête. On en ufoit ainfi, afin de marquer l'eftime, & l'afection extraordinaire que la perfonne, de qui eft la tête de la médaille, avoit pour le Dieu, dont le nom eft dans la légende. C'eft par cette raifon, qu'on voit le nom d'Apollon autour de la tête de Néron ; le nom du Soleil autour de la tête d'Aurélien ; & le nom du Dieu Sérapis autour de la tête de Julien l'Apoftat. Ces Empereurs avoient plus de dévotion pour ces Dieux-là, que pour les autres. Ils fe les croyoient favorables. Ils gravoient ces noms divins autour de leur tête fur les médailles, comme pour atirer toujours de plus en plus fur leurs perfonnes la protection de ces Dieux.

Par la même raison Gallien a fait graver sur ses médailles le nom de sa chere, & illustre parente G A L L I E N E, à qui il étoit si redevable.

Mais, dira-t-on, ce n'est pas le nom d'un Dieu; c'est un nom de femme, qui est autour de la tête de Gallien. Où voit-on un pareil exemple? Je répons que c'est une chose fort commune dans l'histoire, & sur les médailles, de voir des Empereurs qui acordoient les honneurs divins aux femmes, qu'ils avoient singulierement afectionnées. Rien n'est plus ordinaire que ces consécrations, ces apothéoses. On sait là-dessus jusqu'où les Empereurs paiens ont porté leur aveuglement, & leur folie.

Les titres de *Dieu*, de *Déesse*, de *Divin*, & de *Divine*, sont peut-être ce qu'il y a de plus trivial dans les médailles Grèques, & Latines. Les Princes n'atendoient pas même toûjours qu'ils fussent morts, pour être Déifiez. On a vû souvent ces hommes superbes, ou plûtôt ces monstres, qui ne méritoient pas le nom d'hommes, usurper insolemment le titre de *Dieu* sur leurs médailles.

Parmi les Grecs Antiochus petit fils de Séléucus Nicator, fut le prémier, dont la frénésie alla jusqu'à se donner le nom de Dieu. ΒΑΣΙΛΕΩΣ ΑΝΤΙΟΧΟΥ ΘΕΟΥ: mais il ne fut pas le dernier, comme on le peut observer sur les médailles de Ptolémée, de Mithridate, d'Antigonus, & de Persée, dernier Roi des Macédoniens.

Héliogabale parmi les Romains est trop connu là-dessus, pour être cité; & si on pouvoit excuser l'énormité de ce sacrilege; ce seroit en un tems, où la grandeur de la monarchie Romaine pouvoit en éblouir le Maître; mais c'est visiblement un délire dans Aurélien, dans Carus, qui voyoient l'Empire Romain si afoibli, menaçant ruine de toutes parts, d'avoir voulu se faire regarder comme des Dieux. On lit avec horreur sur leurs médailles : DEO ET DOMINO NATO AURELIANO, DEO ET DOMINO CARO. Il y a au Cabinet de sainte Geneviéve de Paris, une Médaille très curieuse, & raportée par M. Seguin, page 307. où Germanicus est apellé *Dieu* ; & Agrippine sa femme est nommée *Déesse*. ΘΕΟΝ ΓΕΡΜΑΝΙΚΟΝ:ΘΕΑΝ ΓΑΙΟΥ....ΑΓΡΙΠΠΙΝΗΝ.

Comme rien ne coûtoit moins à ces gens-là, que de prendre pour eux, & de donner aux autres le nom de Dieu ; Gallien a pû mêtre sur sa médaille le nom de GALLIENE, dans le même esprit, & avec la même facilité, que ses prédecesseurs mêtoient sur les leurs, le nom d'Apollon, de Sérapis, & de leurs autres Dieux favoris.

Peut-être insistera-t-on, sur ce que c'est un nom de femme ; & on dira qu'il faudroit un exemple tout semblable, pour faire craire, que ce qui se trouve sur la médaille de Gallien, n'est ni une raillerie, ni une faute de Monétaire. Nous avons là dessus de quoi satisfaire les plus dificiles : C'est une preuve décisive, & après laquelle il n'y a plus rien à souhaiter. J'en suis redevable à M. Oudinet, qui m'a fait voir dans le Cabinet du Roi, une belle médaille de grand bronze, incontestablement antique, où se trouve cette légende : FAUSTINA AUGUSTA, autour de la tête de l'Empereur Marc-Aurele. Voilà donc un nom de femme pour la tête d'un homme. C'est un Empereur qui se fait honneur du nom de sa femme *Faustine* ; comme Gallien se faisoit honneur du nom de sa parente GALLIENE.

Mais, dira-t-on, Marc-Aurele avoit un atachement excessif pour Faustine. Il faut avouer que Marc-Aurele étoit un mari bien singulier. Faustine vivoit dans un infame libertinage. Elle renonça avec si peu de façon à la pudeur, & à la modestie, que les plus retenus, en fait de médisance, doutoient du pére de Commode son fils. Marc-Aurele, tout grand Philosophe qu'il étoit, l'aimoit éperdûment. Il étoit peut-être le seul homme du monde, qui ignorât sa honte, & les desordres de sa femme. On l'avertit pourtant qu'il ne devoit pas si facilement lâcher la bride à une femme de cette humeur ; mais il n'eut jamais ni l'envie, ni la force de la contraindre en quoi que ce soit. Il acabloit de bienfaits ses galands, quoi que le nombre en fût grand ; & remercioit souvent les Dieux, de lui avoir donné une femme si simple, si obéissante, & dont il étoit si tendrement aimé. Et lui qui s'étoit consolé en cinq jours de la mort d'un de ses fils déja César, ne se consola jamais de la mort de sa femme, qu'on soupçonne être morte de chagrin d'avoir manqué à l'empoisonner. Enfin si Marc-Aurele s'est fait un plaisir de voir autour de sa tête sur ses médailles, le nom de cette Faustine : on peut bien conjecturer que Gallien a pû avec plus de justice se faire un honneur de voir sur les siennes, sa tête, pour ainsi dire, couronnée du nom de l'Auguste GALLIENE.

III. M. Vaillant raporte une médaille de Gallien, qui pouroit presque seule décider la question. Il y a au revers un lion courant, avec cette légende ; *Cohors Prætoriana sextum pia, sextum fidelis.* M. Vaillant dit que Gallien fit fraper cette médaille, qui fait tant d'honneur aux Prétoriens ; c'est-à-dire, aux soldats de sa garde, en reconnaissance de leur atachement & de leur fidélité, dans un tems, où tant de Tirans, & de Princes rebelles lui disputoient l'Empire. Si cet Empereur a fait graver sur le revers de ses médailles un éloge si glorieux à sa Compagnie des Gardes, par la seule considération, qu'elle

ne l'abandonnoit pas, lorſque tant de Tirans s'éle-
voient contre lui; n'a-t-il pas dû faire la même choſe
pour une parente ſi illuſtre, qui avoit tué de ſa main
un Tirán des plus dangereux ? On ſera d'autant plus
porté à le craire, que c'étoit le plus ſouvent par là
que Gallien marquoit ſa reconnaiſſance à ceux qui
l'avoient bien ſervi. Ce Prince avoit inconteſtable-
ment beaucoup d'eſprit ; il avoit un grand talent
pour l'éloquence ; & c'eſt autant que ſi on diſoit
qu'il connaiſſoit parfaitement comme eſt fait le cœur
humain, à quoi il eſt ſenſible ; & comment on le peut
émouvoir, perſuader, & entraîner. Sans cela il n'y
a point d'éloquence. C'eſt peu de choſe pour des ſol-
dats de voir leur nom ſur les monnoies du Prince ;
mais le cœur des hommes ſe remuë machinalement;
& dans cette mécanique les plus petits reſſors donnent le mouvement aux plus grandes machines. On
ne ſauroit dire avec quel ſuccès Gallien s'eſt ſervi de
ce leurre, pour retenir dans ſes intérêts les gens de
guerre. Auſſi mêtoit-il à tous les jours ce ſecret de
ſa politique ; & il n'y a preſque point de légion Romaine, dont on ne trouve le nom, & le ſimbole dans
des couronnes de laurier ſur les médailles de cet Empereur. C'étoit l'amorce avec laquelle il atiroit les
uns, & la gratification dont il payoit les autres.
Ainſi quoiqu'il paraiſſe fort extraordinaire, de voir
ſur une médaille le nom d'une femme autour de la
tête d'un Empereur, il faut pourtant reconnaître,
que la choſe eſt entierement du goût, & du génie de
Gallien. Et il nous devroit ſembler étrange que ce
Prince n'eût pas honoré ſa parente par cette diſtin-
ction ſi ſinguliere, & qu'il n'eût pas mis autour de ſa
tête ſur ſes médailles, le nom de la vaillante Galliene ; lui qui faiſoit mêtre ſi ſouvent ſur les revers le
nom des troupes, qui lui étoient fideles.

IV. J'ai reconnu que l'ubique pax, qui eſt au revers de la Médaille de Gallien avec une Victoire aîlée dans un char qu'elle conduit, peut fort bien ſe concilier avec l'hiſtoire de cet Empereur.

1º. Il faut remarquer que le Comte Mezza-Barba poſe la belle action de GALLIENE, & la mort du Tiran Celſus à l'an 263. de Jéſus-Chriſt.

2º Il faut obſerver que dans cette année-là, & même dès la précédente, il ſe paſſa beaucoup de choſes, qui rafermiſſoient l'Empire chancelant, & qui firent entrevoir aux Romains plus de tranquilité dans les Provinces, & un aſſez doux intervalle de paix dans Rome.

En éfet, dès l'année 262. Macrien défit entiere-ment les Gots, qui ſe retirérent des Provinces de l'Empire.

Macrien lui-même, enorgueilli de ſes victoires, voulant uſurper l'Occident, comme il venoit d'u-ſurper l'Orient, fut vaincu, & tué avec ſon fils par l'armée d'Auréole, que Gallien avoit envoyé con-tre lui.

Durant ce tems-là Odenat, par ordre de Gallien, pourſuivant le reſte des Rebelles, ſe fit ouvrir les portes d'Eméſe, & y tua Bétus ſecond fils de Ma-crien qui s'y étoit retiré.

Baliſte autre Tiran, qui s'étoit auſſi fortifié dans Eméſe, céda, demanda grace; & Odenat lui par-donna, pour s'aller opoſer aux Perſes, qui furent batus, & tellement mis en déroute, qu'ils n'oſoient plus paraître.

Les afaires n'alloient pas plus mal en Egipte. Emi-lien, qui s'y étoit déclaré Empereur, fut bien-tôt dé-fait par les troupes, que Gallien avoit fait marcher de ce côté-là.

Gallien lui-même quita Rome, & courut dans

les Gaules faire la guerre à Posthume, qui aiant été plusieurs fois vaincu, chercha son salut dans la fuite.

En 263. Gallien revenant des Gaules, alla punir Bizance, dont il étoit mécontent ; & Emilien, qui subsistoit encore dans l'Egipte, fut ataqué, vaincu, & pris par Théodote, que Gallien avoit choisi pour cette expédition. Théodote envoya Emilien à Gallien, qui le fit étrangler en prison, comme on faisoit autrefois les Rois pris à la guerre.

Les Scithes si formidables, qui avoient tout nouvellement couru toute l'Asie, furent tant de fois batus par les troupes Romaines, qu'ils prirent le parti de se retirer dans leur pays.

Enfin ce fut dans ce même tems, que la généreuse GALLIENE tua de sa propre main le Tiran Celsus, qui vouloit enlever l'Afrique à l'Empire Romain.

Voila, ce me semble, une suite de prosperitez assez considérables. Aussi Gallien revenu à Rome, y triomfa pour la victoire remportée par Odenat sur les Perses ; & célébra la dixiéme année de son Empire par des jeux d'une magnificence infinie. Ce fut alors que ce Prince honora de ses bienfaits ceux qui s'étoient distinguez par leur valeur, & par leur fidélité.

Il voulut honorer du titre de *Pro-consul*, Théodote, qui avoit vaincu Emilien ; mais le Sénat s'y oposa par des raisons de superstition.

Il déclara *Auguste*, Odenat, qui lui avoit sauvé l'Orient ; & associa ainsi à l'Empire ce Prince si agréable aux Romains.

Il est assez vrai-semblable, que ce fut parmi cette joie publique, & en ce tems, où l'Empire paraissoit rafermi dans toutes ses parties ; dans les Gaules, dans l'Orient ; dans l'Egipte ; dans l'Afrique, que

l'on frapa la médaille de Gallien avec le nom de
GALLIENE ; & alors tout autorifoit affez à mêtre
fur le revers une victoire avec ces mots ; LA PAIX
EST PAR TOUT.

Il n'étoit pas néceffaire que la guerre eût ceffé par
tout, & que la paix fût univerfelle dans une préci-
fion matématique, afin de pouvoir mêtre fur les médailles, UBIQUE PAX. Car je croi qu'il en faut rai-
fonner, comme du Temple de Janus, qu'on ne devoit fermer que lorfqu'il y avoit une paix générale
par tout l'Empire. Cepandant lorfqu'il fut fermé la
prémiere fois fous Augufte ; *ce n'eft pas*, dit M. de
Tillemont, *qu'il n'y eût encore quelques troubles
dans les Gaules, dans l'Efpagne, & en divers autres
endroits; mais cela ne fe confidéroit pas dans la grandeur de l'Empire.* Tome I. des Empereurs, pag. 4.
& 5. *Et on prétend*, dit-il ailleurs, *que Néron le
ferma, l'an 58. quoi qu'on ne fût point en paix.*
pag. 31.

Il faut bien qu'il y ait eu des intervalles de paix,
fous l'Empire de Gallien ; puifque les Curieux con-
naiffent près de 20. médailles & de lui, & de Salonine fa femme, où il y a PAX AUGG. PAX AETER-
NA. PAX FUNDATA. PAX AUGUSTI. PAX PU-
BLICA. PAX AUG. AUGUSTA IN PACE. PACA-
TOR ORBIS.

Il eft vrai que M. Vaillant, pag. 387. dit que la
médaille de Salonine, où il y a AUGUSTA IN PACE,
a été pareillement frapée, pour fe môquer de Salonine, comme on a fait en frapant celle de Gallien ;
où il y a UBIQUE PAX. Mais il femble que ce feroit
porter la plaifanterie trop loin; car outre la médaille
d'argent que M. Vaillant cite, il y en a encore deux
autres diférentes, une d'argent, & une de bronze,
avec la tête de Salonine, & l'UBIQUE PAX. Ainfi

il n'y a guére d'aparence, qu'on puisse bien soûtenir
que tant de médailles diférentes aient été frapées
pour rire, dans des tems, où nous n'avons point
d'exemple reconnu de rien de semblable.

J'avouë que je trouve une diférence extrême entre Gallien dans l'histoire, & Gallien dans les médailles. Autant que les Historiens dénigrent Gallien, autant paraît-il éclatant dans ses médailles;
dont les légendes, & les simboles répréfentent un
Prince magnifique, & parfaitement hûreux. Je me
perds dans l'opofition que je trouve ici entre l'Hiftoire, & les médailles. Je fouhaiterois que quelqu'un s'apliquât à débrouiller cette équivoque, & à
reconnaître de quel côté eft l'erreur.

Il eft vrai que les médailles ont toûjours quelque
chofe de flateur; & qu'aiant été frapées à Rome le
fiege de l'Empire, dont Gallien a toûjours été parfaitement le maître, ce n'eft pas une chofe bien étrange, qu'il foit célébré dans des ouvrages, qui fe fai-
foient fous fes yeux, & par fon autorité. Mais auffi
faut-il avouer, qu'il n'y a point d'aparence, qu'on
ofât mêtre fur les monnoies tout le contraire des
événemens d'une monarchie, & y répréfenter le
Prince toûjours victorieux, magnifique, hûreux, invincible; pendant qu'il feroit toûjours mol, éfémi-
né, lâche, vaincu, malhûreux. C'eft de quoi on ne
doit pas foupçonner des monumens auffi publics, &
auffi vénérables, que le font les médailles. Mais ce
qui me feroit ici douter plûtôt de la fincérité de
Trebellius Pollio, c'eft la concordance que je trouve entre les médailles, & les infcriptions. Nous
voyons dans Goltzius des infcriptions, où Gallien
eft traité, *de grand; de très clément; de Prince invincible:* une infcription porte: *à la très fainte Divini-
té, & Majefté de Gallien, & de l'augufte Salonine.*

Magno et invicto Gallieno Aug. cos.
vi. designato vii. Gallieno clementis-
simo Principi, et Saloninae sanctissi-
mae Aug. numini, majestatique eorum.
Goltzius Thesaur. rei Antiquar. Ainsi la dificulté
demeure toute entiere ; & il y a raison de demander
pourquoi l'histoire, & les médailles sont ici si peu
d'acord.

Il ne seroit peut-être pas dificile de justifier que
Trebellius Pollio avoit un terrible penchant à faire
injustice à Gallien. Au moins ce qu'il y a de très visi-
ble, c'est qu'il étoit si mal pensant de ce Prince, qu'il
a sans cesse expliqué en mauvaise part ses démarches
les plus innocentes. Ce qu'il en a écrit a plus l'air
d'une satire, que d'une histoire.

Je ne sai si une fausse idée qui a plû à Pollio, &
qu'il a voulu suivre à toute rigueur, ne lui a point un
peu gâté l'esprit sur le chapitre de Gallien. Voici ce
que c'est. Quand Trebellius Pollio s'est mis à écrire
l'histoire des Tirans, qui ont parû sous le régne de
Gallien, il s'est souvenu des xxx. Tirans que les
Lacédémoniens établirent dans Athène, lorsque cette ville fut prise par Lisander. Ces xxx. Tirans d'A-
thène sont célebres dans l'histoire Grèque. Cela a
frapé l'imagination de Pollio, qui a cru qu'il seroit
beau de comparer l'état de Rome sous Gallien à l'é-
tat d'Athène sous Lisander, & de placer xxx. Tirans dans l'histoire Romaine, comme il en voyoit
xxx. dans l'histoire Grèque. Voila le plan sur quoi
cet Historien s'est proposé de travailler. Pour le suivre, il a fallu de nécessité trouver xxx. Tirans : Et
pour y parvenir, il est allé chercher un *Valens*, qui
s'étoit révolté contre Décius, & qui fut tué dès ce
tems-là ; un *Ciriade*, qui n'a été que sous Valérien ;
& un *Censorinus*, qui n'est venu qu'après Gallien &

sous Claude. M. Vossius, le pére, en parlant de la
torture que Pollio a donnée à son esprit pour trouver xxx. Tirans, dit que tout au plus il n'y en a que
xxvii. Mais M. de Tillemont qui a examiné avec
plus de soin le nombre de ces Tirans, dit dans ses
Notes sur Gallien, *qu'il n'en faut compter que*
xviii. pag. 701. Après cela il est aisé de deviner,
combien Pollio a été obligé de s'écarter de la vérité
de l'histoire, pour faire son nombre de xxx. & qu'il
a fallu multiplier les ennemis de Gallien, & le réprésenter par tout comme un malhûreux, toûjours
plongé dans la paresse, & dans les voluptez, odieux
à tout le monde, & qui pour la conduite des afaires
ne donnoit aucun signe de vie. On voit ce qu'il en a
dû coûter à cet Empereur ; & combien son histoire
doit être défigurée dans les écrits d'un Auteur qui
a acommodé le sujet qu'il traitoit à une scene ima-
ginaire, dont il s'étoit entêté mal-à-propos : ainsi
qu'un Architecte qui ne se serviroit que d'une regle
de plomb, & qui au lieu de conduire sa muraille selon la regle, courberoit au contraire la regle, pour
l'acommoder à la muraille. Les amis de Trébellius
Pollio lui réprésentérent qu'il avoit pris une idée,
qui ne pouvoit convenir à son sujet ; & que pour la
remplir il avoit été forcé de tomber dans des anacro-
nismes, & de mêtre sous Gallien, des événemens
qui ont précédé de beaucoup son régne, ou qui n'ont
été que long-tems après. On le railla même de ce
qu'il avoit employé deux femmes, savoir Zénobie,
& Victoria, afin de faire son nombre de xxx. com-
plet: Cette critique lui fit ouvrir les yeux, & le por-
ta à retoucher son histoire des xxx. Tirans, dans
laquelle il a pourtant toûjours laissé des marques de
cet entêtement invincible, qui lui avoit fait prendre
à tâche de trouver nécessairement xxx. Tirans sous

regne de Gallien. De forte qu'il femble que fi on ôtoit à l'Hiftorien la grace, qu'on lui a faite de le trop craire, on rendroit à cet Empereur la juftice, qu'on ne lui a pas affez renduë.

Mais ce qui achève de démontrer, que ce n'eft point par dérifion, par antiphrafe, ou fi l'on veut, par contre-vérité, que fe trouve, UBIQUE PAX fur cette médaille d'or; c'eft que le Comte Mezza-Barba en raporte une autre pareillement d'or, frapée à l'honneur de Gallien, & que M. Spanheim dit qu'il a vûë dans le Cabinet du Cardinal de Médicis, où il y a auffi, UBIQUE PAX. Cela eft décifif, & au deffus de toute conteftation.

Après tout ce que je viens d'expofer, il paraît qu'il n'y auroit rien contre les mœurs & l'ufage des Romains, quand pour éternifer la mémoire de la vaillante GALLIENE, on auroit mis fon nom fur une médaille autour de la tête de l'Empereur régnant; & que dans le plus agréable intervalle de paix, dont les Romains euffent joui depuis longtems, on eût gravé fur le revers de cette médaille, une Victoire, avec ces mots, UBIQUE PAX. Surtout fi on fe fouvient combien le Peuple Romain étoit porté à flater fes Empereurs, & à leur faire un très grand mérite des plus petites chofes.

Au fond ce que Julien dit, que *Gallien entra au banquet des Dieux avec une robe, & une démarche de femme,* ne favorife point la première explication. Cela fait même contre: Car fi cette médaille avoit été frapée, pour reprocher à Gallien fa vie molle & éféminée, on l'y auroit habillé en femme, comme a fait Julien, qui excelloit dans la fatire. Cela auroit été plus naturel, & plus propre à deshonorer Gallien dans le monde.

J'efpere, MONSIEUR, que vous ne ferez pas

fâché, que ... que l'admirable GALLIENE
l'oubli, où les Historiens l'avoient laissée. Sa destinée à quelque chose de bizare. Cette Princesse, après
avoir été oubliée durant plus de quatorze cens ans,
n'a paru depuis peu au jour que pour être deshono-
rée. M. de Tillemont ne s'est souvenu d'elle, que
pour la soupçonner d'une chose très mauvaise. Il
paraît l'acuser d'avoir contribué à la révolte du Tiran Celsus : *Il semble*, dit-il, *qu'une* GALLIENE,
Cousine de Gallien ait revêtu Celsus de la pourpre.
Tom. III. des Emper. pag. 473. L'endroit, où Trébellius Pollio en parle, a quelque chose d'obscur ;
mais avec un peu d'aplication, on reconnaît que ce
furent Vibius Passienus, & Fabius Pomponianus, qui
portérent Celsus à se proclamer Empereur ; & que
GALLIENE le tua le setiéme jour de son Empire.

Je vous souhaiterois, MONSIEUR, une médaille de cette généreuse Romaine. Elle tiendroit
bien sa place parmi celles de vôtre Cabinet. Des
choses si rares, & si précieuses ne sont avec bien-
séance que chez les Princes, pour le secours de ceux
qui travaillent à l'histoire ; ou bien entre les mains
de personnes comme vous, qui connaissent ce qu'il y
a de plus estimable dans les siences, & dans les
beaux arts, & qui savent mêtre le prix à tout ce
qu'a produit le bon goût des siecles polis & savans
d'Athène, & de Rome. Je suis avec respect, &
atachement,

MONSIEUR,

Vôtre très humble, & très
obeïssant serviteur
P.L.L. DE VALLEMONT. P.

A Versailles ce 21. Avril 1698.

Permis d'imprimer pour 6. années.

www.ingramcontent.com/pod-product-compliance
Ingram Content Group UK Ltd.
Pitfield, Milton Keynes, MK11 3LW, UK
UKHW021657090726
13657UKWH00005B/2007